AIDE-TOI,
LE CIEL T'AIDERA.

SUR

LE PROJET DE DISSOLUTION

DE LA

CHAMBRE DES DÉPUTÉS.

(17 octobre 1827.)

Depuis le 3o septembre, jour de la clôture des listes électorales, l'anxiété la plus vive agite tous les esprits. Chacun se demande quels résultats présagent les listes, quelles décisions va prendre le ministère.

Plus que jamais il est question de la dissolution de la chambre: on disait même, il y a quelques jours, mais à tort, l'ordonnance déjà signée. Le ministère hésite encorè : l'énergie d'un grand nombre de départements l'a troublé. Avant de recourir à des élections nouvelles, il veut dresser plus d'une fois le compte des voix; ses fidèles consacrent leurs jours et leurs nuits au dépouillement des listes; on classe les électeurs; on marque les bons, les mauvais, les douteux; on suppute tout ce qu'ont pu produire les ténèbres de la censure, le zèle des autorités locales, les chicanes des préfets, les conflits du conseil d'état. Et les moyens qui, à la dernière élection, ont tant contribué à la victoire, ne doivent-ils pas aussi entrer dans les chances de succès? N'y a-t-il pas une part à faire

pour la violation de la loi sur le secret des suffrages, la création de faux électeurs , l'oubli volontaire d'électeurs véritables dans la distribution des cartes, enfin pour les illégalités
de tout genre, si libéralement prodiguées en 1824, et dont
en 1827 le souvenir ne s'est pas perdu ? A ces misérables cal-
culs sont soumis les destins de la France ; c'est d'après la ba-
lance entre le patriotisme d'un côté, la ruse et la servilité de
l'autre, que le ministère va se résoudre ou à conserver la
chambre actuelle , ou à demander à ses préfets de nouveaux
députés.

Cette hésitation est de bon augure : il y a six semaines les
agents ministériels étaient plus fiers. L'ordonnance de dissolution était alors annoncée aux confidents pour le 2 octobre;
aussitôt ce terme légal atteint, on devait lever le masque, et
recueillir le fruit du complot. Mais , malgré le silence
imposé aux journaux , les électeurs ont été avertis; pendant le mois de septembre ils se sont portés en foule aux
préfectures pour se faire inscrire sur les listes. Cet empressement a surpris la faction, qui, se fiant à la censure, n'a-
vait pas compté dans ses chances la distribution gratuite de
brochures à un nombre immense d'exemplaires. Aussi rap-
porte-t-on qu'un de ses chefs, interrogé dernièrement sur les
nouvelles élections, parut beaucoup moins confiant que de
coutume. « Les choses, répondit-il, ont bien changé depuis
» un mois; ces brochures, ce *Manuel de l'électeur,* ont fait
» du mal; ils nous ont envoyé des milliers d'électeurs qui
» seraient restés tranquilles chez eux; il faut voir ; il n'y a
» jusqu'à présent rien de certain. » En effet, s'il faut en
croire des bruits provenant de bonne source , une division
inattendue se serait élevée depuis peu dans le cabinet au
sujet de la dissolution. MM. de Peyronnet, de Corbière , de
Chabrol et d'Hermopolis ne seraient plus sur ce point du
même avis que M. de Villèle, et redouteraient les effets de la
profonde combinaison inventée par leur collègue.

Toutefois il est probable que l'éloquence de M. de Villèle
l'emportera, et que la dissolution aura lieu. Les électeurs doivent s'y préparer. Pour notre part, nous la croyons presque
inévitable. Elle sera le résultat, non de la confiance du ministère dans les nouvelles élections, mais des difficultés in-
surmontables où son aveuglement l'a jeté. Qui verra dans

(3)

l'ordonnance de dissolution un signe de force se trompera; qui ne la regardera que comme un de ces moyens violents auxquels les partis, aussi bien que les malades, ont recours dans les moments de crise, aura bien compris la situation du ministère.

Voyez en effet quelle est cette situation. Le ministère a contre lui la Chambre des Pairs et la magistrature; il ne s'appuie que sur la Chambre des Députés. Mais comment à la prochaine session oserait-il aborder la Chambre des Pairs en lui présentant pour titres à sa confiance la dissolution de la garde nationale de Paris et la censure? Comment mettre en présence les deux chambres, qui diffèrent d'avis d'une manière si prononcée sur la liberté de la presse, ce point central où viennent aujourd'hui aboutir toutes les diversités d'opinion? Il faut que la censure, de transitoire, devienne permanente, ou le but du ministère en établissant la censure est manqué. Or la Chambre des Pairs, composée comme elle est, accordera-t-elle la censure? Il est certain qu'elle ne l'accordera pas. La destruction de la majorité actuelle de la chambre haute par une création de nouveaux pairs est donc une conséquence nécessaire de la position où le ministère s'est placé.

Mais pour créer de nouveaux Pairs, il faut en prendre une grande partie dans la Chambre des Députés : d'anciens engagements en font une obligation pour le ministère. Or, s'il entame sa majorité, que de réélections où il ne pourra que perdre! Une dissolution où il peut avoir des chances pour gagner ne sera-t-elle pas plus favorable à ses intérêts? Voilà une première raison pour la dissolution; mais elle n'est pas la plus forte. D'ici à trois ans, à moins de renoncer complètement au gouvernement représentatif, et il paraît que le ministère ne s'en trouve pas la puissance, il faut de toute nécessité que la Chambre des Députés soit renouvelée; si elle n'est renouvelée qu'après une nouvelle formation des listes du jury, ces listes seront alors complètes. L'empressement que, malgré la censure, ont montré cette année presque tous les électeurs, en est le gage. Avec les trois mois que la loi accorde pour la composition des listes de l'an prochain, il sera aisé de réveiller l'apathie des électeurs négligents, de faire établir sur les listes ceux que des décisions mal fondées en ont écartés

Que le ministère attende encore une année, sa défaite est certaine; elle l'est moins aujourd'hui, puisque les listes ne sont pas aussi parfaites qu'elles le seront alors. Il y a donc avantage évident pour le ministère à hasarder la dissolution. La politique lui conseille de livrer aujourd'hui le combat, même à chances douteuses, plutôt que d'être obligé de le recevoir dans un ou deux ans avec certitude d'être vaincu.

Bouleversement de la Chambre des Pairs, dissolution de la Chambre des Députés, en spéculant sur la surprise faite aux électeurs, telles sont les mesures auxquelles les difficultés de sa position contraignent le ministère. Aussi assure-t-on de tous côtés que nous verrons bientôt paraître les deux ordonnances, dont l'une portera dissolution de la chambre élective; l'autre, nomination de 70 à 80 Pairs. Le ministère, à ce qu'on prétend, les tient en réserve pour le lendemain ou le surlendemain de la fête du roi. Par une association qu'on nous dispensera de qualifier, il donnerait à la France, comme un cadeau royal, ces œuvres de son génie; c'est le moment de la fête du monarque que choisirait son imprudence pour frapper du même coup la pairie dans son indépendance et sa dignité, la chambre élective dans la sincérité des élections.

Nous venons de montrer les avantages de ce coup d'état : en voici maintenant les périls. Le jour où l'ordonnance de dissolution sera publiée, la liberté sera par ce fait seul rendue aux journaux; la censure et son odieux tribunal tomberont : ainsi l'ordonne la loi. Or on sait quelle effervescence produit nécessairement l'affranchissement de la presse périodique, et combien ce moment de crise est redouté des ministres. Voilà un écueil auquel il faudra que ces habiles pilotes exposent leur barque. La dégradation de la pairie ne sera pas non plus sans conséquences. Croient-ils encourir sans risques et le ressentiment des membres actuels de la chambre haute, dont le rang sera avili, et l'indignation de cette classe d'hommes portés dans les temps ordinaires à incliner vers l'administration, et souvent trop peu sensibles aux bienfaits de la liberté, mais que les excès révoltent, et qui ne voudront pas que quelques insensés se fassent un jouet de nos institutions les plus sacrées.

Ce n'est pas tout : bien que la chance des élections soit

cette année moins défavorable aux ministres que l'an prochain, ils ne joueront cependant pas à coup sûr. Si sur quelques points les électeurs n'ont pas été aussi zélés que les dangers que court le pays leur en faisaient un devoir, il en est d'autres en revanche où la fermeté des citoyens a pénétré et déjoué la misérable ruse sur laquelle la faction jésuitique fondait son espoir. Le ministère lui-même n'ose pas espérer une chambre aussi bien disposée pour ses intérêts que la chambre actuelle : ses affidés veulent bien accorder de 80 à 100 membres à l'opposition de gauche, de 20 à 30 à l'opposition de droite. Réduits même à cette étroite portion, combien ne gagnerions-nous pas à la dissolution, combien ne perdrait pas le ministère ! Que l'on songe à la liberté de parole qu'obtiendrait une opposition de 130 membres, à la puissance qu'elle exercerait sur l'opinion publique, à la quantité de lois mauvaises qu'elle parviendrait à empêcher ? Contenant à son début une aussi forte opposition dans son sein, la nouvelle chambre ne pourrait pas durer quatre sessions : on peut en juger par la chambre actuelle, où, à la première année, l'opposition ne comptait pas 20 membres, et que maintenant le ministère est obligé de dissoudre. Ainsi la dissolution de cette année rendrait avant cinq ans une seconde dissolution nécessaire, et, nous trouvant préparés, le jour de la nouvelle élection serait celui de notre triomphe.

Mais il ne nous est pas interdit de porter plus haut nos espérances. Pour toutes les élections partielles qui ont eu lieu le printemps dernier, le ministère s'est trompé; il pourra bien se tromper encore. On peut même à bon droit prétendre qu'il lui est impossible de prédire dans une foule de lieux le résultat des élections; il est un grand nombre d'hommes qu'il compte pour siens, et qui, éclairés depuis 1824, ont déserté ses rangs : ce n'est qu'à l'élection qu'il les reconnaîtra. Il n'a pas encore goûté les fruits de l'invasion des jésuites, de la loi sur le sacrilége, de la loi d'aînesse, de la loi sur la presse, de la censure, de toutes les menaces que chaque jour il adresse à nos droits les plus chers, à nos plus précieux intérêts : ces fruits sortiront des urnes électorales; ils sembleront amers à son imprévoyance.

Et quand jamais l'énergie constitutionnelle se montra-t-elle en France avec plus d'éclat ? Jusqu'à présent les listes électorales avaient été pour la plus grande partie formées d'office ; les électeurs oubliés avaient seuls des peines à prendre : cette année, il a fallu, par suite d'une fausse interprétation de la loi, que tous les électeurs, même ceux que le préfet avait inscrits, produisissent eux-mêmes leurs titres. C'est cette année que, pour la première fois depuis la loi de 1817, qui les autorise, ont été vus des appels aux cours royales ; justice a été hardiment demandée à presque toutes les cours contre les décisions des préfets ; on n'a pas craint d'envoyer des huissiers aux préfectures ; la loi à la main, les citoyens ont parlé avec modération, mais avec force, et nous connaissons tel préfet qui, étonné de leur courageuse attitude, a pris le sage parti de renoncer aux chicanes ministérielles, et de rentrer dans les voies plus simples et plus commodes de l'équité (1). N'est-ce pas encore cette année pour la première fois que, dans un grand nombre de départements, des sociétés électorales régulières se sont formées, et que l'on a appliqué à nos intérêts politiques ce moyen si puissant de l'association, qui a produit tant de merveilles pour l'industrie, et qui ne demeurera pas stérile pour la liberté ?

Rien n'est donc plus incertain pour le ministère que la chance des élections (2). Sans compter tous les ennemis qu'il s'est déjà faits, la dissolution elle-même doit encore lui en susciter de nouveaux.

Que l'on nous dise si une conception aussi pleine de franchise que celle dont la dissolution sera le dénouement est de nature à concilier au ministère des suffrages. Associer les fonctions de juré et celles d'électeur ; faire dresser des listes qui, en apparence, ne doivent dans l'année servir qu'au jury ; puis mettre la censure sur les journaux pour les empê-

______

(1) Dans un grand nombre de départements, les électeurs ne se sont pas bornés à se faire inscrire : ils ont encore dévoilé les faux électeurs portés d'office sur les listes. Dans le département de l'Allier, par exemple, il s'est trouvé des citoyens assez fermes pour demander la radiation du préfet lui-même. Le conseil de préfecture a rejeté la demande. L'affaire est maintenant pendante devant la cour royale de Riom.

(2) On cite un mot de M. de Villèle qui prouve qu'il n'est pas fort rassuré · « En dissolvant aujourd'hui, disait-il il y a deux jours, je ne joue que le ministère ; dans deux ans, je jouerais la monarchie. » Nous croyons les sollicitudes de M. de Villèle pour la monarchie peu fondées ; mais nous espérons que, soit cette année, soit dans deux ans, il jouera et perdra le ministère.

(7)

cher d'avertir les citoyens ; défendre à ces journaux de prononcer même le mot de dissolution ; compter sur le piége tendu aux électeurs pour avoir des colléges électoraux mutilés, composés à la volonté des préfets ; convoquer enfin ces ombres de colléges, et leur demander une Chambre qui représente la nation : voilà le plan qu'avaient imaginé les ministres. Nous laissons à chacun le soin de le caractériser. S'ils n'ont pas réussi, ce n'est pas leur faute ; s'ils dissolvent maintenant, c'est qu'ils croient avoir un peu réussi. Quel aveu porte en elle-même la dissolution ! Nous le demandons, quel est l'homme, non pas ami chaud de son pays, mais simplement honnête, qui puisse vouloir servir sous un pareil drapeau ?

Encore un fait qui montre à nu, même aux plus aveugles, la politique ministérielle. Nous voulons parler des conflits élevés par les préfets contre les arrêts des cours royales.

Tous les préfets, se conformant aux instructions ministérielles, ont refusé d'inscrire les gendres délégataires des impositions de leurs belles-mères, toutes les fois qu'ils ne justifiaient pas de n'avoir ni fils ni petits-fils (1). Les gendres ont appelé de ces décisions aux cours royales. Les cours leur ont

(1) On sait que la loi permet aux belles-mères de déléguer leurs impôts à leurs gendres, *à défaut de fils ou de petits-fils*. Il est évident que la loi entend, *à défaut de fils ou de petits-fils capables d'être électeurs*, sans quoi la faculté qu'elle donne serait illusoire. Un gendre est nécessairement un homme marié : or il est dans la nature des choses qu'un homme marié ait des enfants. Accorder un droit à un homme marié en raison de son mariage, et en même temps à la condition qu'il n'ait pas d'enfants, c'est un excès d'absurdité dont, à bon escient, un préfet est capable, mais qui ne peut se rencontrer dans une loi. Une loi veut que ses dispositions aient un sens, puissent produire un effet. Il n'a certainement pas été dans l'intention du législateur de ne conférer des droits aux gendres que pour un temps à peu près aussi court que celui que peut durer la lune de miel. Ajoutons une autre considération. Si l'on interprète la loi comme les préfets, et que l'on entende par les mots, *à défaut de fils ou de petits-fils*, *à défaut de fils ou de petits-fils* EXISTANTS, une conséquence assez bizarre en découle. Quand la loi fait dépendre un droit de l'existence d'un individu, elle compte l'existence, non pas à dater du jour de la naissance, mais à dater de celui de la conception ; l'enfant conçu est censé né. Telle est la règle constante de droit, particulièrement en matière de successions. Pour être conséquent avec eux-mêmes, les préfets devraient donc exiger des gendres délégataires, non pas seulement un certificat qui constate qu'ils n'ont pas de fils ou de petits-fils, mais encore un certificat attestant que leur femme n'est pas enceinte. Nous soumettons à messieurs les préfets ce perfectionnement, qui semble avoir échappé à leur ingénieuse sagacité.

donné gain de cause. Elles se sont d'abord déclarées compétentes, puisqu'il s'agit, non de la quotité d'un impôt, mais de l'exercice d'un droit politique ; puis, jugeant au fond, elles ont interprété la loi en faveur des gendres, puisque toute autre interprétation est repoussée par le bon sens, et que les magistrats ne consultent que la justice, non le désir de diminuer le nombre des électeurs. Ainsi ont jugé les cours de Limoges, d'Amiens, de Rennes ; ainsi allaient juger toutes les autres cours (1).

Mais les conflits des préfets sont venus rendre inutile l'équité des juges. Chose inouïe! des conflits ont été élevés même après l'arrêt rendu (2). Or qu'adviendra-t-il de ces conflits?

(1) La cour d'Agen, malgré le conflit, a continué le délibéré. La cour de Rennes s'est aussi prononcée en faveur des petit-gendres ou maris de la petite-fille, auxquels elle a déclaré que s'étendait le bénéfice de la loi.

(2) Les conflits n'ont pour objet que de fixer la compétence · il est donc de règle de les élever avant le jugement. Après le jugement au fond, la question de compétence ne peut plus être agitée. Plusieurs préfets n'en ont pas moins jugé à propos de ne tenir compte des arrêts des cours, et d'agir après ces arrêts comme s'ils n'avaient pas été rendus. Voici un arrêté assez curieux du préfet d'Ille-et-Vilaine. Un gendre délégataire avait réclamé son inscription, en vertu d'un arrêt de la cour de Rennes. Le préfet a répondu comme il suit :

« Le préfet d'Ille-et-Vilaine, séant en conseil de préfecture, etc.

» Vu, etc., etc. ;

» Considérant que M. N... ne peut jouir du cens électoral qu'au moyen de la délégation de la dame N....., sa belle-mère; mais que cette délégation ne peut être admise d'après l'article 5 de la loi du 29 juin 1820 ;

Que l'arrêt de la cour royale de Rennes invoqué par M..... n'est point décisif, puisqu'il n'y a point d'acquiescement connu à cet arrêt de la part du ministère public, et qu'il peut être formé contre lui un pourvoi en cassation ;

Arrête

De refuser au réclamant l'inscription sur la liste du jury.

A Rennes, le 30 septembre 1827.

Par le préfet,　　　　DE CURZAY.

Quel oubli de toutes les formes dans cet arrêté ! M. le préfet d'Ille-et-Vilaine devrait au moins savoir que les pourvois en cassation ne sont point suspensifs. Mais, avant tout, il faut diminuer le nombre des électeurs.

Quoiqu'il en soit, nous invitons les citoyens à ne pas se décourager, et à soutenir toutes leurs réclamations; à force de persévérance et de publicité on peut finir par lasser le ministère lui-même. C'est d'ailleurs un éminent service rendu au pays que de constater les injustices; une injustice démontrée vaut peut-être mieux qu'un vote de plus dans les collèges électoraux.

Il faut encore remarquer que la chicane faite aux gendres s'applique à un très grand nombre d'électeurs.

On.peut prédire, sans craindre de se tromper, que tort sera donné aux réclamations des citoyens et à l'opinion unanime des cours. Rien n'est mieux combiné que les conflits. En voici le mécanisme. Le ministère est-il mécontent de l'arrêt d'une cour, où s'attend-il à un arrêt peu favorable à ses vues, aussitôt il fait élever un conflit par le préfet. C'est donc le ministère qui élève les conflits. Mais qui juge de leur validité? Le conseil d'état. Or, sans être accusés d'aucun outrage envers les individus ni envers les corps, ne pouvons-nous pas dire que les décisions du conseil d'état doivent être bien plutôt l'expression de la volonté ministérielle que du bon sens et de la justice? Un raisonnement fort simple le prouve. Qui compose le conseil d'état? Le ministère. Quand un membre du conseil montre quelque opposition aux vues ministérielles, que fait le ministère? Il le destitue, comme, pour citer un exemple récent, il a destitué M. Villemain. Ainsi le conseil d'état, comme les préfets, n'est qu'une forme du pouvoir ministériel : c'est donc le ministère qui prononce sur la validité des conflits. Une fois le conflit confirmé, le jugement au fond est dévolu au conseil d'état, ou au ministère, de telle sorte que c'est toujours le ministère qui prononce; il élève les conflits, les déclare valides, et ensuite juge à sa guise. D'après cela, on peut voir à quelle justice doivent s'attendre les réclamants.

Les conflits renferment deux choses : d'abord une diminution du nombre des électeurs, déjà tellement réduit par l'habile combinaison des dégrèvements; puis un outrage sanglant aux tribunaux, dont l'opinion impartiale est immolée à l'opinion intéressée du ministère. C'est une nouvelle dépouille que, pour former le trophée de ses victoires, le ministère doit ajouter à la dissolution de la garde nationale et à la censure.

Comparons donc notre situation à celle du ministère. Obligé de recourir à des mesures qui répugnent à tous les honnêtes gens, qu'il dissolve ou qu'il ne dissolve pas, partout il rencontre des écueils. Quant à nous, amis du pays et de la liberté, en même temps plus sincères amis de l'ordre que ceux qui s'en prétendent exclusivement les partisans, car nous ne voulons pas nous jeter dans les révolutions à la suite du ministère; quant à nous, qui ne demandons que justice, publicité, bonne foi, combat loyal, toutes nos chances sont bonnes. Nous pouvons attendre les événements avec confiance; quels qu'ils soient, ils nous seront favorables : il faut seulement que nous sachions en profiter. Le ciel ne refuse pas de nous aider; nous le répétons aux citoyens et aux électeurs, *ne refusons pas de nous aider nous-mêmes*, et nous aurons sauvé notre pays.

Electeurs des départements, est-il besoin de vous dire quel sort vous réserve le ministère, ou plutôt la ténébreuse congrégation dont il est le docile instrument? Pour le moment, le parti n'attaque que la liberté de la presse : c'est la première redoute qu'il faille emporter; mais, une fois la liberté de la presse détruite, l'une après l'autre apparaîtront toutes les prétentions de la théocratie. Alors on demandera, comme déjà on l'a tenté, que le clergé soit doté en biens-fonds, que les registres de l'état civil lui [soient donnés; on renouvellera et on rendra plus efficaces les lois du genre de celle du sacrilége; on soumettra en toutes choses l'ordre civil à l'ordre ecclésiastique, et il serait bien hardi celui qui oserait, si la liberté de la presse périt, garantir pour dix ans aux protestants la libre profession de leur croyance. Il y a des bornes à la tyrannie d'un parti politique qui sait, jusqu'à un certain point, tenir compte de l'état des mœurs publiques et calculer les résistances; il n'en est pas à celle d'un parti fanatique, qui se fie en l'appui du ciel pour surmonter tous les obstacles et se tirer de tous les dangers. M. de Bonald, le président du conseil de censure, vient, dans un écrit récent, de soulever une partie du voile qui couvre les plans de nos adversaires (1). Après avoir établi que la royauté ne peut subsister sans la censure perpétuelle sur tous les écrits périodiques ou non périodiques, il porte ses attaques jusqu'à l'inamovibilité des tribunaux : « *Je ne crains pas de dire*

---

(1) *De l'opposition dans le gouvernement et de la liberté de la presse.* La censure n'a point permis aux journaux de l'opposition de rendre compte de cet ouvrage. Or que l'on remarque que M. de Bonald est président du conseil de censure. Sans doute il met le mérite de ses écrits et la bonté de ses opinions au nombre des vérités saintes et absolues que la censure doit protéger contre toute atteinte.

(telles sont ses propres paroles) *que la magistrature en France est trop forte pour le gouvernement* (1). » C'est ainsi que, selon les doctrines des hommes qui se disent monarchiques par excellence, toutes nos institutions doivent l'une après l'autre venir tomber sous la faux ; la monarchie telle qu'ils la rêvent (et heureusement, tant pour la monarchie que pour la France, telle la monarchie constitutionnelle n'est pas), leur monarchie est incompatible avec la liberté de la presse, incompatible avec la liberté des cultes, avec la sincérité des élections, avec une magistrature inamovible ; incompatible, en un mot, avec tout ce qu'il y a de saint, de juste et de bon. Voilà en vérité une singulière manière d'aimer et de défendre la monarchie.

Pendant que nos adversaires méditent leurs ruses dans l'ombre, que devons-nous faire ? Redoubler d'énergie pour la défense de nos droits, nous organiser légalement et au grand jour pour la résistance. Des troupes indisciplinées ne peuvent tenir contre une armée régulière ; de même nous ne pouvons sans organisation vaincre l'administration si fortement organisée. Dans la plupart des départements, des sociétés électorales se sont déjà formées : il faut, sans perdre un moment, en former dans les départements où il n'en existe pas encore. Le mode de formation est bien simple : un comité au chef-lieu, qui reçoive les réclamations, donne des conseils, se fasse l'organe des arrondissements ; dans chaque arrondissement électoral un comité pour l'élection, qui corresponde avec le comité du chef-lieu, guide les électeurs, les éclaire sur leurs droits, réveille l'insouciance des apathiques, montre les dangers de l'indifférence, détruise l'effet des phrases sonores des préfets, dévoile le mensonge de leurs promesses ou la vanité de leurs menaces. Quoi de plus aisé que de former un comité d'arrondissement ! Dans les villes, on se partage les quartiers ; dans les campagnes, il ne faut qu'un homme par canton. Un arrondissement électoral ne se compose jamais de plus de huit ou dix cantons : ainsi, avec huit ou dix hommes, l'affaire est faite. Que les citoyens ne crai-

---

(1) Page 52. Les attaques contre l'inamovibilité des tribunaux sont maintenant à l'ordre du jour parmi la faction jésuitique. Voyez pour preuve les articles de la *Gazette universelle de Lyon.*

gnent pas d'enlever quelques moments à leurs affaires pour les donner aux intérêts publics : aujourd'hui plus que jamais ces intérêts aboutissent en intérêts privés. Il n'est pas de temps, même sous le rapport pécuniaire, plus fructueusement employé que le temps qui sera consacré à procurer à la France des députés constitutionnels. Il ne s'agit d'ailleurs que d'un mois ou deux, et il faut bien peu d'efforts pour obtenir d'immenses résultats.

Nous le disons encore une fois aux électeurs : avant tout organisez-vous. Il est probable que le coup de la dissolution va vous frapper : soyez prêts à le recevoir. Songez en outre qu'il y a encore bien des réclamations à faire valoir : tous les électeurs que les préfets ont à tort refusé d'admettre, ou qu'ils ont rayés sans autre motif que le défaut de production de pièces, peuvent se pourvoir ou devant les cours royales ou devant le conseil d'état. Il en est de même de ceux qui, avant le 30 septembre, ont produit des pièces irrégulières : le fait seul de la réclamation, aux termes de la loi, les sauve de la déchéance ; ils peuvent compléter leur production. Enfin il est de la plus haute importance de soumettre les listes à un examen sévère, pour s'assurer si des amis du ministère n'auraient pas été inscrits sans droit ; les électeurs véritables doivent dénoncer les faux électeurs, et exiger leur radiation. Qu'ils demandent conseil à un avocat : il n'en manquera jamais pour une si noble cause. Qu'ils poursuivent ensuite avec courage le maintien de leurs droits ; et, s'ils ont besoin de secours à Paris, ils sont assurés de n'en pas manquer. Enfin qu'ils nous fassent connaître les injustices dont ils ont été l'objet ; nous leur donnerons de la publicité. La publicité, dans le temps où nous vivons, est aussi un tribunal, et un tribunal dont les jugements demeurent rarement sans effet.

Que si dans quelques endroits il se trouve encore des hommes qui puissent se laisser aller à l'insouciance, que les citoyens plus zélés les entourent, leur démontrent les dangers de leur erreur et la stupidité de leur conduite. Quel est l'homme assez insensé pour pouvoir dire aujourd'hui de la politique, *qu'elle ne le regarde pas !* Par bonheur cette sotte réponse devient chaque jour plus rare, et nous espérons voir bientôt le temps où l'on sera regardé comme méritant d'être interdit devant les tribunaux, quand on aura répondu, à propos des affaires du pays : *Cela ne me regarde pas!*

Il est aussi des hommes, en petit nombre, il est vrai, mais un petit nombre peut décider la victoire, qui tombent par une exagération de patriotisme mal entendue dans la même faute que les insouciants. Il nous en coûte de les signaler, mais nous le devons : avant tout, il faut parler avec franchise quand on parle à son pays. Ces hommes, pour n'avoir rien de commun avec une loi électorale qu'ils regardent comme contraire à la Charte, avec une administration qu'ils croient ennemie du pays, ne veulent prendre aucune part au mouvement de résistance qui se manifeste aujourd'hui dans toute la France ; ils comptent, pour notre salut, sur les fautes de nos adversaires ; ils répètent le vieil adage de tous les partis vaincus, que l'*excès du mal produit le bien*. Il n'est pas d'erreur plus déplorable. Se croiser les bras, puis attendre les folies de ses ennemis, c'est une tactique qui jamais n'a mené à la victoire. Quand l'immense majorité des citoyens s'empresse à exercer ses droits politiques, il y aurait une véritable désertion à se séparer d'elle. Nous conjurons ceux qui en auraient la pensée de renoncer à ce funeste calcul ; de ne pas donner, de gaieté de cœur, par leur retraite, la victoire à nos adversaires. Nous vivons dans un ordre de choses où le remède à tous les maux est dans la résistance légale. Sans doute nos lois pourraient être meilleures ; mais, toutes mutilées qu'elles sont, elles nous laissent encore des armes : ce serait crime et lâcheté que de les déposer, tant qu'il nous en reste un tronçon dans la main.

Bon espoir et courage, prudence et légalité, voilà quelle doit être maintenant la devise de tout ami de son pays, de tout honnête citoyen. Électeurs des départements, attendez sans frayeur l'ordonnance de dissolution ; quand elle aura paru, travaillez de toute votre puissance à tourner contre les ministres le piége qu'ils vous ont dressé ; mesurez l'effort à la grandeur de la récompense. Pour nous, nous continuerons, selon notre engagement, nos publications avec persévérance. Les occupations qu'ont données à plusieurs d'entre nous la formation des listes électorales nous ont empêchés jusqu'à présent de les rendre aussi fréquentes que nous l'aurions désiré ; désormais vous les recevrez à courts inter-

valles. Mais pour pouvoir les rendre aussi utiles qu'elles peuvent le devenir, nous sollicitons votre appui, vos renseigne-
ments, votre concours. Faites pour vous-mêmes, pour que
nous puissions faire pour vous ; aidez-nous, pour que nous
puissions vous aider, pour que tous le Ciel nous aide.

P. S. NOUVEAU MÉFAIT DE LA CENSURE.

Toute la France sait que l'abbé Contrafatto vient d'être
condamné aux travaux forcés à perpétuité pour attentat à
la pudeur, commis sur une enfant âgée de cinq ans. On se
rappelle que le résultat de la première instruction, dirigée
par M. Frayssinous, neveu du ministre des affaires ecclésias-
tiques, avait été de déclarer qu'il n'y avait pas lieu à pour-
suivre ; mais, sur la clameur publique, fut ordonnée une
nouvelle instruction, qui vient de se terminer par la con-
damnation de l'accusé. Dans le compte rendu de la procé-
dure par la *Gazette des Tribunaux*, la censure a rayé le
passage suivant du résumé des débats, fait par M. de Montmerqué, président des assises :

« Cette affaire, ajoute M. de Montmerqué, fut portée
devant le tribunal de première instance. Y a-t-il eu négli-
gence dans l'instruction qui a eu lieu? A-t-on omis la forma-
lité si essentielle du serment? Les procès-verbaux constatent,
il est vrai, que les serments ont été prêtés. Cependant tous
les témoins ont affirmé que le serment ne leur avait pas été
demandé. Ils ont dit qu'alors ils ne s'étaient pas crus liés, que
leur déclaration s'était bornée à une simple conversation, et
que, loin de déclarer tout ce qu'ils avaient su, ils se sont
bornés à répondre aux questions qui leur étaient adressées.
L'instruction première, on ne saurait se le dissimuler, a été
faite avec une extrême légèreté. »

BROCHURES PUBLIÉES

PAR LA MÊME ASSOCIATION.

—

AIDE-TOI , LE CIEL T'AIDERA , (*Prospeotus de l'association.*)

MANUEL DE L'ELECTEUR-JURÉ. (*Tiré à* 110,000 *exemplaires.*)

IL FAUT SEMER POUR RECUEILLIR.

AUX ELECTEURS DU CHER.

AUX ELECTEURS DE LA CHARENTE INFÉRIEURE.

(*Ces brochures se distribuent.*)

—

La société des *Amis de la presse* a publié et distribué plusieurs brochures dont on trouve encore quelques exemplaires
chez M. Lenormand, rue de Seine.

BROCHURES PUBLIÉES

PAR M. SALVANDY.

LETTRE à M. le rédacteur du Journal des Débats sur l'état
des affaires publiques, par N. A. de Salvandy. 12 Juillet
1827.

LETTRE DE LA GIRAFE au pacha d'Égypte , pour lui rendre compte de son voyage à Saint-Cloud , et envoyer les rognures des deux premières semaines de la censure de France
au journal qui s'établit à Alexandrie en Afrique. 12 Juillet
1827.

SECONDE LETTRE à M. le rédacteur du Journal des Débats sur l'état des affaires publiques, par N. A. Salvandy. 19
Juillet 1827.

TROISIÈME LETTRE à M. le rédacteur du Journal des
Débats sur la suite des affaires publiques , par le même. 25
Juillet 1827.

QUATRIÈME LETTRE à M. le rédacteur du Journal des
Débats sur la suite des affaires publiques , par le même. 2
Août 1827.

DEUXIÈME LETTRE DE LA GIRAFE au pacha d'É-
gypte, en lui envoyant son album enrichi des dernières noir-
ceurs de la censure. 8 Août 1827.

CINQUIÈME LETTRE à M. le rédacteur du Journal des Débats sur la suite des affaires publiques, par le même. 16 Août
1827.

SIXIÈME LETTRE à M. le rédacteur du Journal des Débats
sur la suite des affaires publiques, par le même. 22 Août
1827.

EXPLICATION de la loi sur les colléges électoraux et le jury,
à l'usage de tous les électeurs de France, par le même
(4ᵉ publication des amis de la liberté de la presse). Se dis-
tribue.

SEPTIÈME LETTRE à M. le rédacteur du Journal des Débats
sur la suite des affaires publiques, par le même. 29 Août
1827.

LETTRE A UN PROVINCIAL SUR LE VOYAGE DE
SAINT-OMER, par le même. 13 Septembre 1827.

DEUXIÈME LETTRE A UN PROVINCIAL SUR LE
VOYAGE DE SAINT-OMER, par le même. 25 Septembre 1827.

HUITIÈME LETTRE à M. le rédacteur du Journal des
Débats sur la suite des affaire publiques, par le même.
3 Octobre 1827.

EXPOSITION DES DERNIERS PRODUITS DE L'INDUS-
TRIE DE LA CENSURE, et réclamation d'icelle contre
une omission du jury, adressée à l'auteur des Lettres à M. le
rédacteur du Journal des Débats. 9 Octobre 1827.

QUE FERONT-ILS? par le même. 16 Octobre 1827.

PROCÈS de la Relation historique des Obsèques de M. Manuel. . . . . 1 f. 50 c.

PROCÈS de l'abbé Saladin, accusé de tentatives d'empoi-
sonnement. . . . . 75 c.

PROCÈS de l'abbé Contrafatto. . . . . . . 1 f. 25 c.

DU MINISTÈRE et DE LA CENSURE, par M. Jay. 1 f. »

LA MALLE POSTE, par Félix Bodin. . . . . 1 f. »

LETTRE à M. Lourdoueix, par Pagès. . . . 1 f. »

IMPRIMERIE DE GUIRAUDET, rue Saint-Honoré, n° 315.

www.ingramcontent.com/pod-product-compliance
Lightning Source LLC
Chambersburg PA
CBHW071310130726
47998CB00003B/1419